D1733959

Wolfgang Rinn: Ich trete still heraus aus diesem Kreise
ISBN 3-931123-72-3

Abbildungen von Johannes Rinn, Petra Rinn, Peter Tress
Umschlaglayout & Typografie: Heike Laufenburg
Gesamtherstellung: Zwiebelzwerg Verlag
Klosterstr. 23, D-34439 Willebadessen, Tel&Fax 05646/1261
verlag@zwiebelzwerg.de, www.zwiebelzwerg.de

Wolfgang Rinn

Ich trete still heraus aus diesem Kreise

mit Abbildungen von
Johannes Rinn
Petra Rinn
Peter Tress

Zwiebelzwerg Verlag

I.

Sterben und Tod

All denen, die auf dem Weg sind
ins andere Land

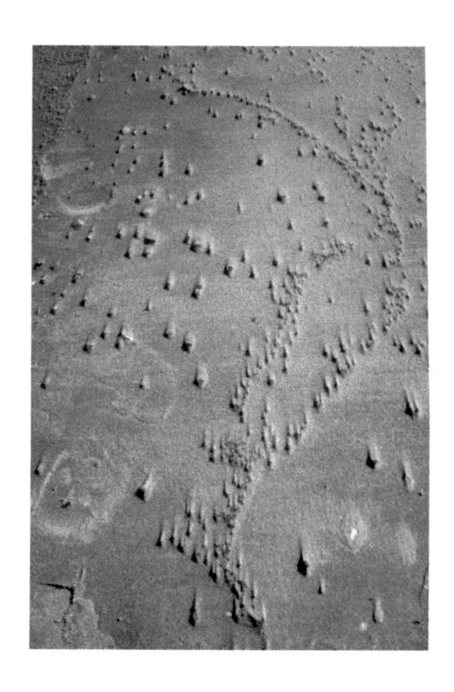

Übergang

Ich trete still heraus aus diesem Kreise,
der ewig weiterschwingt und dann entgleitet;
auf bisher mir noch unbekannte Weise
führt mich der Weg, von langher zubereitet.

Wie einer Schritte lernt, um neu zu gehen,
und Spuren hinterlässt, die nie gewesen,
so schreite ich und bleibe manchmal stehen
und schaue dieses Land gleich einem Wesen,

das näher kommt mit mancherlei Gestalten,
die ich zu kennen meine wie Gebärden,
die mir vertraut sind und entgegenhalten
ein Bild von mir, wie es einmal soll werden.

Ich gehe weiter und im Vorwärtsschreiten
kann ich mich selber mehr und mehr erkennen,
mein Schicksal lässt den Weg mir zubereiten
und mich bei meinem wahren Namen nennen.

Gewesen

Ich sehe dich den Weg zu Ende gehen,
den einen langen ohne Wiederkehr,
und bald wirst du am andern Ufer stehen,
ich spüre, deine Füße werden schwer.

Ich bin ein Teil von dir, wenn beim Verlassen
den letzten Schritt du tust aus dieser Zeit;
wie jemand, der entfernt zurückgelassen,
ein Stück dem Aufbruch näher und bereit

zum Abschied nehmen, ja, so fühl' ich mich,
denn mit dir ist der Teil dahingegangen,
der Leben hieß, als alles angefangen.

Wer weiß von mir, und niemand kennt mehr dich.
Indem ich teile nun mit deinem Wesen,
rückt alles fern, als sei es nie gewesen.

Am Ende

Es scheint, als gingen Wege hier zu Ende,
wo Raum und Zeit zu einem großen Wort
sich finden und an diesem einen Ort
ein Zeichen setzen wie vor einer Wende,

da Nacht dem Tage folgt und aus den Tiefen
dem Wartenden ein neues helles Licht
wie nie zuvor aus jenem Dunkel bricht,
da Geister sind, die uns beim Namen riefen.

Wir alle gehen diesen Weg allein,
durch Einsamkeit und ganz verlassen,
die Brücke trägt, doch niemand kann es fassen,

wenn wir hinübergehn ins andre Sein,
wo jene warten, die vorausgegangen,
um uns als ihresgleichen zu empfangen.

Vereint

Und immer müder werden meine Schritte,
je mehr sie nähern sich dem großen Ziel,
es ist, als kreist en sie um eine Mitte,
die sich enthüllt, das ewig gleiche Spiel,

das uns gefangen nimmt, wenn wir nun gehen
von diesem Ort in jenes andre Land,
der Zeit enthoben und im Wiedersehen
all derer, die von langher wohlbekannt.

Sie schienen ferne, doch nun sind sie da,
vertrautes Antlitz, wechselnde Gestalten,
und jedem Kommenden entgegenhalten

die ausgestreckten Hände, seltsam nah,
gleich einer Brücke, wo von beiden Seiten,
die jetzt vereint sind, sich entgegenschreiten.

Hinüberwechseln

Noch weil‘ ich hier auf dieser Erde,
zerbrechlich Haus, verdeckter Innenraum,
was außen lebt, ist wie ein ferner Traum
um mich geworden, wenn ich als Gefährte

der andern Seite nun herüberrage,
gleich einem Zeugen jener andern Welt,
zwar stumm, doch spür‘ ich, dass mich jemand hält
und mich als Wesen wie auf einer Waage

hinüberwechseln lässt und zu sich nimmt.
So bin ich hier und dort bei beiden Enden,
an diesem einen Punkt, da im Beenden

des Erdenfeuers neuer Funke glimmt.
Die Hülle bleibt zurück für solche Augen,
die nicht zum eigentlichen Sehen taugen.

Heimkehr

Es lebt und wächst in mir verborgnes Streben
nach jenem Lande, wo der Ursprung ist,
all dessen, was in einem ganzen Leben
um Dasein ringt und was du selber bist,

wenn du hinübergehst aus diesen Zeiten
ins andre Sein, ein Teil der Ewigkeit,
den Weg zu ebnen und ihn zu bereiten
den vielen, die aus der Vergangenheit

vertraut dir sind und nahe solchem Ziel,
das alle eint in stetem Vorwärtsgehen,
um an der Grenze dieses Licht zu sehen,

wie es am Anfang war, gleich einem Spiel,
das dauern wird, auch wenn wir uns entfernen,
und doch bewegen unter gleichen Sternen.

Einheit

Es ist ein großes Ding und schwer zu fassen,
wenn Wege enden außerhalb der Zeit,
die uns beschieden ist und wir verlassen
das Land, das unsre Füße trägt, und weit

sich öffnet, was bisher so ganz verborgen
und unsichtbar für unsre Augen war.
Entgegendämmernd einem neuen Morgen,
der über allem leuchtet, seltsam klar,

ein Teil des Lichts vom großen, ewgen Licht,
wie es von Anfang war, uns zu begleiten
in Seelengründen und uns zu bereiten

des Weges Spur, die frei macht jene Sicht
ins andre Land, um dadurch zu erkennen,
was wir als Einheit dann zuletzt benennen.

Geburt

Der Worte Vielzahl ist nicht was ich meine,
wenn meine Reise hier zu Ende geht,
ich suche jenseits allem äußern Scheine
das eine, was von Anfang her besteht,

gleich einem zweiten Leben, tief verborgen,
als banges Sehnen und der Hoffnung Keim,
entgegenstrebend einem neuen Morgen,
durch Leid und Schmerz gewandelt,
wenn ich heim

nun wende meiner müden Schritte Gang.
Ich fühle, wie im Auf- und Niedersteigen
der Dinge sie sich ihrem Ende neigen,

indem ich gehe diesen Grat entlang,
gleich einem Wesen, das sich selber findet,
in sich zuletzt das wahre Wort entbindet.

Abschied

Mich dünkt, als ob ein fernes Meeresrauschen
dir Kunde gibt von jener andern Welt,
die nah dir ist, und bald wirst du vertauschen
das Lebenskleid, wenn nun der Schleier fällt.

Und Blicke werden uns zu stummen Zeichen,
so groß und weit und über uns hinaus,
vergebens suchen Hände zu erreichen,
was nun verlassen will das Erdenhaus.

Sehr leise ist der Abschied vorbestimmt,
behutsam lenkt ein Wesen deine Schritte,
der Weg, er führt hinaus aus unsrer Mitte,

indem er deine Spuren mit sich nimmt.
Ein stilles Leuchten rückt an dieser Stelle
dein Bild in uns in ungeahnte Helle.

II.

Gespräche mit P., der uns allzu früh verlassen hat

4 Bilder in Todesnähe

Sehnsucht

Ich weiß, du selbst bist niemals dort gewesen,
und doch hat hingezaubert deine Hand
in zarten Farben, die aus deinem Wesen
entsprungen sind, ein lichtes, helles Land.

Wie mögen dir der Sehnsucht weite Räume
von lichtdurchflossenen Gestalten glühn,
die aus dem Urgrund deiner Kindheitsträume
nun einem fernen Land entgegenblühn?

In weitgeschwungnem Bogen fließt ins Meer
ein flacher Strand, gleich einer sanften Welle,
von weither kommend, um an solcher Stelle

sich hinzugeben, und dies umso mehr,
als dieser Augenblick die Schwelle kündet,
wo ihre wahre Heimat findet.

Öffnung

Für diesmal schaut dein Auge blaue Berge
sich schichten wie in einem tiefen Traum,
das Innenbild fügt sich zu deinem Werke
und drängt hinaus in weiten Himmelsraum.

Wie über eine Brücke führen Wege
in eine Gegend, die auch uns vertraut,
Begegnung findet statt auf schmalem Stege,
den du für uns hast auferbaut,

und der doch öffnet einen weiten Blick
auf große Dinge, die wir alle kennen,
die durch sich selbst uns ihre Namen nennen.

So steht in einem solchen Augenblick
das Land uns offen, wo in Zukunft leben,
die mit uns nach verborgnem Ziele streben.

Weg ins andre Land

Ich frage dich, ist das der Weg hinüber
ins andre Land, dem deine Sehnsucht gilt?
Ein mildes Licht strahlt uns von dort herüber
und hat ins Abendrot getaucht das Bild.

In stillem Frieden endet so die Reise,
vor uns dehnt sich das Meer unendlich weit,
du hast uns hergeführt auf deine Weise
an diesen Ort, wo Zeit und Ewigkeit

unmerklich ineinander übergehn.
Nur einmal suchen irdische Gestalten
in Form von flachen Inseln aufzuhalten

den Weg, den dir dein Schicksal ausersehn.
Bist du schon dort, wer von uns kann es fassen,
die wir am Ufer stehn, zurückgelassen?

Vermächtnis

Zum Abschied haben deine schmalen Hände
gespendet uns ein helles Bildniswort,
die Reise findet hier ihr frühes Ende
an diesem lichten, friedevollen Ort.

Mich dünkt, es führt aus Kindheitstagen
ein weiter Weg zu einem solchen Strand,
es ist, als wolltest du uns nochmals sagen,
wie du hast schauen dürfen dieses Land,

das nah dir liegt und über welchem ruht
ein helles Licht aus deines Wesens Tiefen
von Geistern, die dich einst beim Namen riefen.

Dir unbewusst hast du gelebt in deren Hut,
sie sind den Weg mit dir bisher gegangen,
zum Schluss vorausgeeilt, dich zu empfangen.

III.

Kerzenständer

Lichtträger für Lebende und Tote

Kleine Kerzenschale

Du kleine Schale, unscheinbares Wesen,
bist mir begegnet wie ein stilles Wort,
es ist, als seist du immer schon gewesen
für manchen Augenblick der rechte Ort,

wo ich in deinem Rund kann wiederfinden
das Ende eines Weges, der mich führt
zurück zum Ausgangspunkt, um zu verbinden,
was sich als Ziel und Anfang hier berührt.

Nach innen wölbst du dich , darfst stehen fest,
nach außen wächst du, breitest wie mit Händen
dich in den freien Raum hinaus, zu spenden

der Kerze Licht bei einem großen Fest.
Wer dich berührt, der hört es leise singen
und einen hellen Ton in dir erklingen.

Standort des Lichts

Im Wort hab‘ ich sehr hart mit dir gerungen,
du stummer Zeuge einer alten Zeit,
bis ich zum innern Kern bin vorgedrungen,
der mir enträtselt deine Wesenheit.

Aus sprödem Stoff zu hoher Form vollendet,
zum Dienst berufen durch des Meisters Hand,
ist dunkle Erdenschwere nun gewendet,
hat sich verwandelt in ein helles Land,

da einer schlanken Kerze strahlend Licht
im Zentrum einer kleinen, tiefen Schale
sehr sicher ruht und uns mit einem Male

erscheinen lässt, wie aus dem Dunkel bricht
ein weit ausladend Rund, um zu umranden
ein klares Viereck hochgewölbter Kanten.

Träger des Lichts

Sehr frei stehst du auf schmalem Stabe,
bist Mittelpunkt, wo immer du im Raum
zu schweben scheinst als lichterfüllte Gabe
und Spiegelbild zu meinem Innenraum.

In zähem Ringen wohl hat stattgefunden
Geburt der Trägerschaft aus schwerem Grund,
es ist, als wäre damit losgebunden
des Lichtes Möglichkeit zu jeder Stund.

Sehr schlank und hoch erhebt sich jener Stab,
gerät zu einem Aufschwung sondergleichen,
macht offenbar, wie weit die Kräfte reichen,

die einst des Schöpfers Hand dem Stoffe gab.
So kann dies helle Licht nach oben weisen
und frei nach allen Seiten Trost verheißen.

Des Lichtes Botschaft

Wie einer der hoch aufsteigt und sich wendet
zurück zum Ausgangspunkt und seine Hand
im Fallen öffnet und dem Umkreis spendet
des Lichtes Botschaft, wo ein dunkles Land

sich auftut und verborgne Wesen leben,
die nun mit einem Male nahes Ziel
erkennen und in hoffnungsvollem Streben
zur Mitte drängen wie bei einem Spiel,

das dauern wird, solange dieses Licht
den weiten Raum erhellt und kündet
von Kräften, die es in der Tiefe findet,

da aus dem schweren Urgrund lebend bricht
des Wesens Form, um wachsend zu entfalten
ein Steigen, Fallen und Entgegenhalten.

Zusammenklang

Des Lebens Wege gleichen einer Reise,
verschieden lang, und doch im Augenblick
des Abschieds jeder ganz auf seine Weise
die eignen Spuren aufzeigt, wenn zurück

Gedanken wandern auf begangnen Pfaden,
bis schließlich wie bei einem großen Bild
die Dinge in Zusammenhang geraten,
wie er für jedes Zieles Mitte gilt.

Der Tag nimmt ab, es leuchtet strahlend Licht
auf solche Pfade, welche plötzlich dunkeln,
indes die Sterne fangen an zu funkeln,

gemeinsam möglich machen eine Sicht,
die zeigt, wie an der Grenze Wesen leben,
die das Empfangne vielfach wiedergeben.

IV.

Abschied und Übergang

Grenzerlebnisse

Am Schafkarsee

Mir war, als träumte ich ein zweites Leben,
geführt von einer unsichtbaren Hand,
fast schien es so, als würde mir gegeben
für kurze Zeit ein Blick in jenes Land,

da Berges Rand und Himmel sich berühren,
sich öffnet uns ein heimatlicher Raum,
sehr zögernd nur, doch einmal darfst du spüren,
wo deine Reise enden wird, und kaum

ist dir begegnet solch ein Augenblick,
bist du erwacht aus deinen tiefen Träumen,
der Abend naht, du sollst nun nicht mehr säumen,

den nächsten Weg zu gehn ins Tal zurück.
So nahe waren dir des Himmels Wesen,
als seien sie ein Teil von dir gewesen.

Verlust

So seltsam fremd und doch so nah
ist mir dein Wesen,
ich weiß nicht mehr,
die Sonne sagt, ein ganzes Jahr
sei ich ein Teil von dir
und du von mir gewesen,
ein Traum erzählt mir oft,
wie alles damals war.

Ich sehe deinen Weg umsäumt
von vielen Lichtern,
Gestalten waren um dich her
und schützten dich,
zerbrechlich Wesen,
und in mancherlei Gesichtern
erwachten sie zum Leben,
in dir spiegelnd sich.

Doch dunkle Schatten
mischten sich in diese Helle,
aus geisterhaften Tiefen
strömten sie empor,
verwandelnd dieses Bild
in ungeahnter Schnelle,
als ob die Sonne
ihren Strahlenglanz verlor.

Im Widerstreit der Kräfte
bist du fortgegangen,
der Dämon war zu stark für dich,
der Fall zu tief,
und doch streckt seine Arme aus,
dich zu empfangen,
der einst mit deinem Namen
dich ins Dasein rief.

Ein blauer Himmel schafft
die Grenze jenem Wege,
der uns getragen hat
ein wesentliches Stück,
es schien, als könnten zwei
auf einem schmalen Stege
gemeinsam wandern,
doch du gingst, ich blieb zurück.

Fortgegangen

Mir ist, als hörte ich von ferne rauschen
der Wellen Vielzahl ohne Unterlaß,
ich sehe dich am Fenster stehn und lauschen,
zwei Tränen fallen, meine Hand ist naß.

Da bist du denn ganz leise fortgegangen,
in Sehnsucht lichten Räumen zugewandt,
erloschen schien dein irdisches Verlangen
nach meiner ausgestreckten Hand.

Zwei Tränen fallen in ein weites Meer,
für Augenblicke sind sie sichtbar worden;
frei schwebt die Seele nun an andern Orten.

In manchen Nächten tönt ein Ruf, woher
auch immer diese Stimme ist gedrungen,
ein bleibend Lied hat sie für mich gesungen.

Zu unbekanntem Ziel

Wie viele mögen diese Richtung gehen,
die Wege scheinen alle gleich zu sein,
und doch kann einer nicht den Andern sehen,
zu tief die Spur, und jeder bleibt allein.

Dies große Wandern nimmt uns gleicherweise
hinweg in seltsam buntem Farbenspiel,
wir wissen nur, wir sind auf einer Reise
zu einem unbekannten Ziel.

Sehr selten fällt ein Teil aus dieser Zeit,
versucht ein Weg die tiefe Spur zu meiden,
und wie viel Leiden mag es ihm bereiten,

und wie viel Kummer, Not und Einsamkeit?
Gar viele Bilder birgt ein ganzes Leben,
doch wenige nach einem Opfer streben!

Angekommen am großen Ziel

Es scheint, wie wenn nach einer langen Reise
du angekommen wärst am großen Ziel
und bist getaucht ganz unvermerkt und leise
hinein in dieses Farbenspiel,

wo Licht und Dunkel sich die Hände reichen,
und vor dir liegt das Meer unendlich weit,
das Ende suchst du, kannst es nicht erreichen,
weil außerhalb von Raum und Zeit

das andre Ufer liegt, und jenes Land
dir fremd noch ist, wo solche Wesen leben,
die schwerelos durch deine Träume schweben.

Dein Schicksal hat dich nun hierher gesandt;
wo dunkle Schatten sich mit Licht verbinden,
magst du den Weg zur ewgen Heimat finden.

V.

Sandbilder

Teilausschnitte aus einem umfassenden, übergreifenden Ganzen, Spiegel kosmischer Weite, getaucht in eine große Ruhe meditativer Stimmung, gleichzeitig nach Ergänzung und Vollendung strebend:

Spuren und Wege in ein anderes, uns noch unbekanntes und doch wieder so vertrautes Land.

Eingangsbild

Es steht vor dir ein Bild mit vielen Zeichen,
sehr groß, und doch ein Teil vom Ganzen nur,
mit kleinen Wesen, die das Ziel erreichen,
indem sie folgen jener einen Spur,

die aus dem Dunkel kommt und führt zum Lichte.
In ihrer Vielfalt ausgebreitet weit,
erzählt sie ausschnittweise die Geschichte
von Wegen, die das Schicksal hält bereit,

und deren Richtung stets dieselbe ist.
Gar viele sind in weitgeschwungnem Bogen
die gleiche Straße schon vor dir gezogen.

Vielleicht erkennst du, ob du selber bist
von jenen einer, die in diesem Leben
auf Nebenpfaden nach dem Lichte streben.

Spuren auf dunklem Land

Es ziehen Wege hin gleich lichten Bahnen,
woher sie kommen, bleibt uns unbekannt,
wohin sie gehen, können wir nur ahnen,
die Spuren führen über dunkles Land.

Und nur ein Teil davon ist uns gegeben,
in Raum und Zeit an diesem einen Ort,
zu schauen von dem großen, ganzen Leben,
im Flusse zwischen hier und dort.

Die Bahnen scheinen gleich zu Anbeginn,
doch zeigt das Bild uns wechselnde Gestalten
in ihrer reichen Vielheit sich entfalten,

und strebend zu dem einen Ziele hin,
in dem sich alle unsichtbar vereinen
an einem Punkt, den wir zu kennen meinen.

Zweigeteilte Landschaft

Wie ist es möglich, dass in dieser Milde,
im zarten Dämmerlicht nun vor uns steht
ein solches seltsam rätselhaft Gebilde,
von einem Windhauch still und sanft umweht ?

Der Eindruck trügt, es zeigt sich wahres Leben
als zweigeteilte Landschaft, scharf getrennt,
die einen nach dem Lichte vorwärts streben,
der dunkle Teil sich als begrenzt erkennt.

Das Schicksal hat die Wege vorbestimmt,
es ist die Richtung, die wir alle gehen,
und doch kann mitten auf der Bahn entstehen

ein jäher Windstoß seitwärts, der uns nimmt
die Sicherheit, wenn wir nach vorn uns wenden,
grenzüberschreitend unsern Weg vollenden.

Vielfalt der Wege

Auf schmalen Graten helle Linien wandern,
durchschneiden dunkle Schatten, ziehen fort,
gleich lichten Wegen, Botschaft für den Andern
hinübertragend im vertrauten Wort.

In Bildes Mitte naht ein junger Morgen,
von unbekanntem Ort, mit Zauberkraft
enthüllt er, was bisher so ganz verborgen
an Lebensschicksalslinien schafft.

Da ist nicht mehr, wie alles vorher war,
und Wege gibt's, die scheinen hier zu enden,
und andere beginnen sich zu wenden

zu neuem Ziele hin, wie wunderbar
das ist, wenn sie sich wieder können finden
und so mit ihrem Ausgangspunkt verbinden.

Unterwegs zum großen Ziel

Woher das fließt und strömt, wer mag es sagen,
nur eins ist sicher, Wellen ohne Zahl
bewegen sich, vom Winde weggetragen,
wie endlos Wandern durch ein tiefes Tal.

Verschwindend dann in weiter Ferne,
wo Sehnsucht wohl gelangt ans große Ziel,
geheimnisvoll getaucht ins Licht der Sterne,
in zauberhaftem Farbenspiel.

Doch da und dort entsteht auch Dunkelheit
inmitten dieses Stroms von Licht und Schatten,
Erinnerung an sie, die niemals hatten

die Aussicht hin zu jener Herrlichkeit.
Jedoch es strahlt im Bild ein neuer Morgen,
in Hoffnung fühlt das Ganze sich geborgen.

Wendepunkt

In Licht und Schatten ziehen sie die Bahnen,
zu unbekanntem Ziele, doch von weit.
Wohin sie gehen, können wir nur ahnen,
es ist, als gingen sie aus dieser Zeit.

Und wer sie sind, es bleibt uns stets verborgen,
wir wissen nur, dass sie gemeinsam ziehn,
entgegenwandern einem neuen Morgen,
in immerwährendem Bemühn.

Doch mittendrin stört ihre Harmonie
ein seltsam Spiel von unbekanntem Orte.
Willst kleiden du in irgendwelche Worte

dies Bild, du wirst nicht sagen können, wie
des Lebens Wege gehen hier zu Ende,
dir dämmert nur, du stehst an einer Wende.

Missklang

Aus schattenhaftem Nichts erscheinen viele,
gemeinsam streben sie zu fernem Licht,
es ist, als hätten sie die gleichen Ziele,
wenn nun ihr Weg die Dunkelheit durchbricht.

Nur da und dort geschieht ein leicht' Entgleiten,
doch findet es zurück zur rechten Bahn
in diesem immerwährenden Begleiten
nach einem unsichtbaren Plan.

Inmitten dieser Landschaft eine Spur,
umsäumt von Punkten geisterhafter Helle,
genährt von Licht aus unbekannter Quelle,

die Richtung weisend zu dem Ziele, nur
ein Missklang stört das Bild in seiner Mitte,
zerstörter Weg, das Flehen einer Bitte.

Am Scheideweg

Es ist, als ob ein lichtes Sternenwesen
gefallen wäre in der Erde Schoß,
ganz unvermutet ist es da gewesen,
sehr klein und doch in seiner Wirkung groß.

Und so kann hier entstehen neues Leben,
wo Schicksalslinien ziehen ihre Bahn,
in stetem Flusse zur Vollendung streben
nach einem weitgesteckten Plan.

Durchbrochen ist jetzt dieses Ebenmaß,
auch wenn auf eine Linie nur von allen
von weither kraftentfaltend ist gefallen

dies unscheinbare Lebewesen, was
bewirkt hat, dass an einem Punkt sich scheiden
zwei Wege, die aus einem sich bereiten.

Abweichung vom Wegefluss

Ein dunkler Punkt an dieser einen Stelle –
wie mag er nur dorthin gekommen sein?
Bist du es selbst, der hier an solcher Schwelle
im hellen Lichte steht, jedoch allein ?

Für kurze Zeit magst du erkennen,
dass alles um dich her ganz anders ist,
und solltest du den Ort beim Namen nennen,
an dem du angekommen bist,

du wirst es schwerlich sagen können, wie
die Dinge hier ein wenig sind verschoben,
dem Gang des Wegeflusses leicht enthoben.

Vielleicht geschieht es selten oder nie,
dass unsichtbare Wesen um dich leben
und kräftespendend dir dies Zeichen geben.

VI.

In memoriam U.R.,
der die Welt der Wörter
zu seinem Lebensinhalt
gemacht hatte.

Rückzug der Worte

Das also war es,
dass sich die Worte nächtens
auf den Heimweg machten,
wie verängstigte Hunde,
die den Taglärm scheuen,
so anders
die Richtung nicht preisgaben
und ins Vorfeld zurückkehrten,
von wo einst
die Lichtspur sie führte
ins menschliche Feld.

Die wartenden,
Veranlassung harrenden
und immerwährend
kreisenden,
schweigenden
leidenden,
die Rückkehr bereiten.

Doch nicht erfolgte der Ruf,
und der Weg
entschwand
mit den Worten.

Zu fragen,
wohin sie gegangen,
erklärt dich zum Fremdling,
aber vielleicht,
dass du sie wieder
im Zwischenraum findest.

Wegsuche

Traumtänzer, sagt man,
seien wir geworden,
da wir uns
dem Nachtnebel anheim gaben,
unser kleines Ohr
den tastenden und suchenden
Schritten öffneten,
einzelner weniger,
scheinbar verlorener
heimatloser Weggefährten,
die sich unbemerkt
aufgemacht hatten,
die nicht mehr erkennbare Spur
wiederzufinden,
in der Gleichzeitigkeit
der Geschehnisse
über jene hinausführend
den Ort erahnen zu lassen,
der in seinen Lichtwirkungen
die Dinge des Lebens
unterscheidbar macht.

Unterwegs zu neuen Ufern

Und es kam die Nacht,
da ich mich,
wie einem inneren Rufe folgend,
traumsicher auf den Weg machte,
das Dickicht der Namen und Begriffe
zu durchstoßen
und hinter mir zu lassen,
in zunächst
nicht begründbarer Hoffnung,
das offene Feld zu gewinnen,
gefährliche Reise,
die den Verlust
der eigenen Identität
bedeuten konnte,
doch einmal die Richtung erkannt,
wäre Rückkehr
im selben Augenblick
zum geistigen Verrat geworden.

So war denn
der einzig verbleibende Weg,
das andere Ufer zu erreichen,
eine neue Sprache zu erlernen,
die sich allein
im tätigen Vollzug
durch innewohnende Beweglichkeit
verstehbar machen würde.

VII.

Wegspuren und Begegnungen

Die Schale

Mich wie ich bin, darf ich es wagen,
mich dir zu öffnen, dir entgegentragen,
die Vielfalt meines Wesens unverstellt,
ich bin bereit zu geben, was gefällt:
die irdsche Fülle, reich und groß,
kann fassen ich in meinem Schoß,
bisweilen überquellend bis zum Rand,
verschenk ich meinen Inhalt deiner Hand.

So gebe ich aus meinem vollen Rund
des Lebens Früchte dir zu jeder Stund.
Doch neigt sich jedes Geben seinem Ende zu,
was angefangen hat, kommt dann zur Ruh.
Und das ist jener Augenblick,
wo ich mein wahres Wesen zeige,
so wie ich bin, mich dir entgegenneige.

Du hältst mich in den Händen,
und ich fange an zu singen,
ein Ton nur ist es,
doch in uns beiden wird er weiterklingen.

Ein Augenblick in unserm Leben, wie von weit,
fast möchte ich sagen - nicht aus dieser Zeit!

Rückblick

Mir ist, als schaute ich in weite Räume,
wenn in mir meiner Kindheit Träume
gleich lichten Wolken auf- und
niederschweben,
aus nebelhaften Bildern dieses Leben
sich selber formt in wechselnden Gestalten,
die wie in einer Landschaft mir entgegenhalten
mein eigentliches Wesen,
wie es heute vor mir steht,
und soviel Jahre nun schon mit mir geht.

Ich denke dran, wenn sich der Sonne Licht
im Spiegel eines Glases vielgestaltig bricht,
gefüllt mit Wein bis an den Rand,
ein rotes Farbenspiel,
ich schau hindurch, erkenne meines Lebens Ziel.

Mit diesem Schein vermischen sich gar viel
Gedanken,
mir ist in diesem Augenblick,
als hätt‘ ich sehr zu danken
dem einen Wesen, dem ich jetzt begegnet bin
und mir entdeckt hat meines Lebens Sinn.

Ich stehe heute nun an dieser Wende
und gebe voll Vertrauen hin in seine Hände,
was mich bewegt, so leuchtend darf es sein,
wie Lichterspiel in jenem Glanz von rotem Wein.

Nachfolge

Da ich ein Kind war,
sah ich einmal Spuren vor mir:
große, schwere Tritte,
und ich dachte,
das muss mein Vater gewesen sein.

In der Nachfolge
bedurfte es hüpfender Schritte,
wie Kinder manchmal springen
von Stein zu Stein,
da war mir,
als hüpfte ich in den Vater hinein.

So ging ich mit ihm
und er mit mir,
das Kind im Vater
auf dem Wege
von dort nach hier.

Und hüpfende Schritte
sind Tritte geworden
und Spuren von mir.

Doch wer wissen will
wo ich hinging,
muss Kind sein,
und hüpfen und springen
von Stein zu Stein
und der Spur folgen -
so wird er mich schrittweise erkennen
und den Vater in mir.

Der Baum

Es hat wohl seinen Sinn,
dass ich dich Bruder nenne,
du, dessen weit verzweigt
feingliedriges Geäst
die Wolken lockt
und in des Himmels Bläue taucht.

Wer kann wie du
zu gleichen Teilen
Licht und Schatten spenden,
empfangender und gebender
Gefährte einer Zeit,
bevor ich war ?

Bewahrer meiner Kindheit Träume
und Lebensbuch in Jahresringen:

ich klopfe an,
lass mich herein,
denn bin ich nicht ein Teil von dir
und weit gereist ?

Doch Stamm war Wand
und Wächteramt -
da wurdest du zum Bruder mir.

Herbstsee

Schwarzwassertiefer Grund
vergangener Tage
und Spiegel
ungeweinter Tränen ohne Zahl,
der einem ausgespannten Tuche gleicht
für Vogelschwingen
stilleren Grads,
im Morgenschimmer
und im Dämmergrau,
da sich das Licht
den Tag erwählt
und wieder
von ihm Abschied nimmt,
mit sanften Übergängen
bis zur Wiederkehr,
in lautlos
fließender Bewegung.

Ort der Gedichte

Mit dem Eintreten in den Nachtbereich
war ich plötzlich von Traumbildern umgeben:

Schiffe im Wellengang wogender Schatten,
langsam und stetig sich nähernd,
um schließlich an Land zu gehen,
beladen mit Gedichten,
seltsam genug,
und unter den vielen
auch eines für mich,
wohl immer schon Teil von mir,
denn beim Ausladen und Auspacken
jener geheimnisvollen
und doch irgendwie so bekannten Fracht
waren mir Dinge in die Hand gekommen,
vertraut, weil erlebt und durchlitten,
aber untergründig gestapelt
für kommende Zeiten bewahrt,
Veranlassung suchend,
dass Stationen des Lebens
in Augenblicken sichtbar werden,
wo sie dem großen, gemeinsamen
Zusammenhang entsprechen.

Spiegelbild der eigenen Mitte

Obwohl mir nichts weiter
als die leere Fläche
zur Verfügung stand,
machte ich mich doch auf,
wie unter einem inneren Zwang stehend,
im Gewirr imaginärer Linien
jene Spuren aufzusuchen,
die bei beharrlichem Verfolgen
über längere Zeiträume hinweg
eine innewohnende Richtung
erkennen ließen,
auf einen zentralen Punkt hin,
der unsichtbar zwar
und jeder bewussten Festlegung abhold,
sich als Spiegelbild
der eigenen Mitte erweisen sollte,
getrennt durch die Symmetrieachse
vorhandener Körperlichkeit.

Wortgestalten

Worte setzen wie Steine,
markante Zeichen
eines Hier- und Soseins,

Fläche zum Raum erheben,
sei es im Umraum
oder Zwischenraum,

Worte,
vielleicht auch als Grenze
oder Fassung einer Quelle
lebendigen Wassers,

Worte,
sicher auch als Türme,
die in luftige Höhen wachsen
und Ausblick gewähren
über die Ebenen hin,

bis der Horizont
das Gesagte
in die Unendlichkeit
des Gewordenen
hinübernimmt.

Vom Wort zum Licht

Da waren sie wieder,
die vielen Gestalten,
als der Tag seinem Ende entgegenging.
Wie in stiller Vereinbarung
hatten sie sich den Abend
zum Treffpunkt gewählt,
manche sehr nahe,
andere traurig
und ein bisschen fremd,
aber in der gemeinsamen Erwartung,
ob sie das Wort finden könnten,
das eine, das erlösende,
das es schon immer gegeben hatte.
Sie waren sich dessen ganz sicher
und darum wohl
noch einmal zurückgekehrt.
Sie sahen mich alle an,
fragend und in stiller,
aber deutlicher Bedrängnis,
wohl wissend,
wo sich das Wort
unter Lebenden verborgen hält,
in Wartehaltung sozusagen,
denn durch seine Wiedergeburt
wäre die Möglichkeit gegeben,
des großen Lichtes teilhaftig zu werden,
nach dem sie alle
unterschiedslos trachteten,
und nach ihrem Weggang
hatten sie den Weg dorthin bereitet.

Vorweihnachtszeit unserer Tage

Und wieder drängt
das Jahr mich
in die Richtung
auf das Nadelöhr,
das Menschen
Weihnacht nennen.

Ich weiß nicht,
wie mir ist
und wie ich mich
verhalten soll.

Ich spüre Leere,
fragende Bedrängnis,
und dennoch
wird die Zeit
mich unaufhaltsam
diesen engen Spalt
erfahren lassen.

Was ist, was bleibt
und wovon
fühl' ich mich berührt ?

Für einen Augenblick
wähn' ich ein Rauschen,
und Lichtglanz
wie aus weiter Ferne
bewegt mich tief im Innern,
vielleicht aus alten Zeiten,
vielleicht auch -
neuen Morgen kündend?

Die Gegenwart macht
aus mir einen Fremden,
der im Vergessnen lebt,
wohl aber suchend tastet,

ob sich Verlorenes
wiederfinden lässt
im Gang der Dinge,

verwandelt zwar
und so ganz anders,
als wir in unseren Träumen
hoffen mögen.

Weihnachtslicht

Ich hatte mich
auf den Weg gemacht,
das rechte Weihnachtslicht
zu suchen,
in großer Sorge,
es könnte erloschen sein
in den Wirren unserer Zeit.

Die Flamme ist sehr klein geworden,
aber mit einem Male
erkannte ich,
dass aller äußere Schein
nur ein Trugbild war,
und, was ich verzweifelt suchte,
sich zum Innenlicht gewandelt hatte,
sehr unscheinbar und verborgen zwar,
aber ebenso tröstlich und strahlend
wie das Wunder,
das seinerzeit zu Bethlehem geschah.

Liebeslied

Und wenn ich wünschen könnte,
was ich wollte,
ich bäte dich um deine Hand
und hüpfte drauf,
ja, ja, genauso wie ich bin.
Natürlich war ich dann ein Vögelein
mit leuchtend roter Brust
und glänzend schwarzem Haupt
und selbstverständlich federleicht,
auf fadendünnen Beinchen
kaum zu spüren -
also keine Last.

Und alles was dir bliebe
von meiner grenzenlosen Liebe,
sind schwarze Kulleräuglein
und das Pochen meines kleinen Herzens
und eine feine Stimme
nur allein für deine Ohren:
„ Du weißt es doch,
Ich bin für dich geboren!"

Unterwegs

Ich weiß nicht,
was da in mir lebt,
sich regt, bewegt
und zögernd seinen Fuß
dem Dunkel anvertraut:
ein Weg, der niemals enden wird.

Doch Wort schafft Licht,
macht Spuren sichtbar,
fußbreit von mir
und links und rechts
und überall,
und viele in die gleiche Richtung weist,
die unterwegs sind,
jenen Ort zu suchen,
wo Ferne Nähe wird
und eine Sprache alle eint.

Ungesagte Worte

Ein Hauch von Ewigkeit
weht durch den Sternenraum,
und viele ungesagte Worte,
welche ungebornen Kindern gleichen,
suchen Heimat hier
auf dieser Erde,
wollen leben für und unter uns,
wie Bilder, die zu Fenstern werden
und Blick gewähren weit hinaus,
wo Dinge ihren Anfang nehmen
und unser aller Ursprung ist.

Kerzenflamme

Dein Flackern gleicht
dem unsichtbaren Windhauch
eines Atems,
der um Liebe ringt,
sehr nahe uns
in diesem einen Augenblick.

Als strahlend Licht
begleite du den Weg,
wenn Lebensspuren
dunkle Pfade kreuzen
und Hoffnung
am Erlöschen ist.

Gewähre uns
ein stilles, großes Leuchten.

Kindheitserinnerung

Ein Träumender auf Kindheitspfaden
schritt ich absichtslos,
als mich dein Ruf erreichte,
scheuer Vogel, zeitentwichen.

Ich wähnte dich zum Greifen nahe,
doch jener Laut bezwang den Raum
und ließ dein Bild verblassen.

So blieb allein ein Ton
für ferne Zeiten aufgespart,
und alles,
was in ihm verborgen lag,
war Warten,
ob ein Ohr bereit sich fände,
den Ruf aus Kindheitstagen
wiederzuerkennen.

Der Ruf

Dein ist das andre Ufer,
und die Nacht
trennt Tag um Tag
gleich einem tiefen Strom,
der wenig fragt
und viel verbirgt.

Und doch
ist da ein Rufen
wie von ferne her,
vielleicht ein Ton nur,
aber deutlich wahrnehmbar
für solche,
welche lange wach gelegen.

Dein ist das andre Ufer,
und der Tag,
er gleitet hin,
und Nacht ist wie ein Strom,
die nimmt uns fort
und trägt uns weit
und lässt es zu,
dass wir einander nahe sind,
wenn uns dein Ruf erreicht.

Übergang

Im Wortepflücken
bin ich müd geworden,
und keines ist mir gut genug,
die Hülle jenem Licht
zu geben,
das dir entgegenstrebt

in stetem Wellengang,
der kommt und geht
und schließlich endet,

wo des Himmels Rand
ein Zeichen setzt
und uns hinübernimmt

in jenes Land,
da Zeit und Raum
sich wiederfinden
als der Hoffnung Frucht,
die wohl schon immer
Sehnsucht von uns allen war.

Im Gedenken an Paul Celan

In jenem Reich,
wo Traum und Wirklichkeit
sich nahe sind,
da lebten Worte,
wie auf ihn zu warten .

Er griff sie sich,
nach formvollendeter
Verwandlung strebend,
und Wege suchend,
die es noch nicht gab,

als Brückenglieder Botschaft
wenigen Empfängern,
um mit ihm
jene Einsamkeit zu teilen,
die viel verbirgt
und nur in Grenzen gibt:

der Worte strenge Auswahl,
richtungweisend,
dahin wo Dinge
ihren Ursprung haben,

im Ringen darum
sich verzehrend,

gleich einer Opferflamme
schließlich zu erlöschen -
der Worte wegen,
welche Zeichen setzen
und Zeiten überdauern.

Mensch unserer Zeit

In Gegenrichtung
zu den Jahreszeiten
hisst er sein Segel,
bricht heraus ein Stück
aus Gottes großem Schweigen.

Viele Worte redend
baut er Türme,
wähnt,
die Aussicht zu gewinnen.

Für eine kleine Zeit
sei's ihm gegönnt,
genug, um seine Illusion
zu nähren,

indes der Nachtwind
Flugsand streut,
die Spur verwischt,
als Rückkehr
in das große Schweigen.

Auf den Tod eines kleinen Kindes

Licht und Liebe
waren um dich,
als du diese Welt betratest
für einen kurzen Augenblick,
als sollte deine Seele
eine neue Heimat finden.

Im Hauch des Daseins
fandest du den Schmerz,
zu frühem Abschied vorbestimmt.

So mischten Leid und Liebe sich
und trugen dich hinweg,

die Lichtspur aber
deines kleinen Wesens
lässt den Weg erahnen,
den du gegangen bist
ins andre Land,
das einst vertraut uns war
und allen offen stehen möge,
die dich begleiten
und dir nahe sind.

Novembersonne

Novemberschatten
machen die Wege grau,
die Sonnenstrahlen aber,
die haben sich
in die Träume
der kleinen Kinder geflüchtet.

Dort hüpfen sie hin und her
und mischen sich
in ihr Lachen,
wenn der Morgen kommt.

Dann erzählen sie
von Schmetterlingsflügeln
und sonnenhungrigen Libellen
und haben den Wunsch,
wie sie zu tanzen.

Standuhr

Längst hat ihr Ticken sich
in meinen Träumen festgehakt,
und immer täuscht sie mich,
indem sie steht,
auch wenn sie geht,
und unbarmherzig
schreitet sie an mir vorbei.

Das macht ihr Pendelschlag,
und wenn ich innehalte,
ist sie schon vorausgeeilt
und immer weiter fort
und weiß schon mehr
als ich mit jedem Schritt.

Sie achtet weder mich
noch Not und Tod
im Gleichklang ihres Pendelschlages,
der zum Zauber wird,
mich festhält
und die Stunde meines Abschieds
künden wird.

Licht von hinten

Das gibt es eben auch,
dass unvermittelt
Licht von hinten kommt
und deinen Schatten
an die Mauer vor dir wirft,
in seiner Schräge richtungweisend.

Ein zweiter tritt
alsbald aus ihm hervor
in stummer, schleichender Bewegung.

Zwar kleiner, blasser,
huscht er vorneweg,
verschwindet in der Dunkelheit,
wohin des Licht nicht reicht,
verbindet Beides,
lässt dich mittendrin allein.

Das Licht ist längst erloschen,
die Schatten sind vorausgeeilt,
du aber schreitest wie zuvor
in namenloser Dunkelheit.

Ankunft

Dein dunkles Auge,
kleines Wesen,
wird zum Spiegel mir
und lässt mich
deine Herkunft ahnen.

Die Zeit vor deinem Hiersein
hast du mitgebracht;

noch ist sie dein,
und wie ein schwacher Abglanz
unergründlich ferner
weiter Tiefen
tritt sie hervor
ans helle Tageslicht,
sehr zögernd nur zunächst,
gleich einem Schatten,
der auf dunklem Augenhintergrund
den Übergang
in fragendes Erstaunen übt.

Jannis Ritsos und seine letzten Gedichte

Viel Licht hat er zum Schluss
um sich verbreitet,
ein jedes Wort ein Strahl.

Wo nehm' ich all die Hände her,
denn keines soll verloren gehn,
so weise, mild
wie sanftes Abendglühn.

Ein alter Mann,
mit der Laterne in der Hand.

Im Weggehn öffnet er die Tür
und tritt hinaus in eine Landschaft,
welche nun ganz ihm gehört -
wir nennen sie vergangne Tage,
ihn aber hat die Ferne aufgenommen,
und stille Wehmut
heftet sich an seine Spur.

Zwischenraum

Da meiner Schritte Zögerspur
sich tastend einen Weg erschuf
in unbekanntes Land,
war fremd geworden,
was nun rückwärts lag,
und schaudernd ward mir
jener Zwischenraum bewusst,
der Ufer voneinander trennt
und Fragen ohne Antwort lässt.

Brückenglied

O dass ich jenen Teil
des Kindseins
hätte doch bewahren können,
der Raum lässt
spielerischem Selbstvergessen
und wahrnimmt
eine Leichtigkeit des Seins,
wie sie bisweilen
nur in Träumen lebt.

Ich wollte hüpfen, tanzen,
springen, singen,
und Zeuge eines zweiten Lebens sein,
das dauern wird,
wenn wir dereinst
die Grenze überschreiten.

Verschiedene Worte

Worte können dir sehr nahe sein,
dann aber wieder scheuen Vögeln gleichen,
zuweilen deine ausgestreckten Hände streifen,
um dann in hüpfender Bewegung auszuweichen.

Worte können sein wie sanfte Töne,
die mühelos den Raum durchschweben,
wie Schmetterlinge, die die Flügel breiten,
um schattengleich dahinzugleiten.

Worte können unter Schmerzen neu geboren werden
und ohne Heimat bleiben hier auf Erden,
doch Wesen sein, die mit uns leiden
und dadurch unsern Weg begleiten.

Was bleibt

Und immer wieder
steht dies Bild vor mir:

dass einer einen Schatten spielt,
im Nebel wie durch eine Wand geht
und keine Spuren hinterlässt -
und doch einmal gewesen ist.

Ein ander Bild sind Worte,
die verblassen,
gleich einer Geisterschrift -
entfernt zurückgelassen.

VIII.

Gedanken zum Vaterunser
unter Zugrundelegung
einer wörtlichen
Übersetzung

Va–

Aus Urgründen des Seins
strömt Atem der Welt
tagkündend hinein
ins Werden der Zeit,
und allumfassend
flutet das Licht in den Raum.

ter

Unvermittelt hält inne,
was zum Leben erwacht,
steigt hinab, gleitet hin
in das Land,
das darunter sich zeigt,
als Wohnstatt und Heimat
uns künftig bereitet.

un – ser

Bereit zum Empfang,
so atmen wir ein,
schalengleich, unterschiedslos,
haben teil an der Fülle,
bis es genug ist
und wir uns schließlich
als Wesen des Urgrunds erkennen.

der in den Himmeln

Wir schauen zurück
und nehmen Ihn wahr,

Ihn, der da ist,
der sein wird
und immer schon war,

auch dann,
wenn nichts von uns bleibt,
in uns und um uns,
auch über uns in den Räumen,
die sich öffnen zu Räumen,
gedankenweit, grenzüberschreitend,
wo Beginn noch einmal beginnt,
und in uns hinein,
wo Mitte nicht Mitte mehr ist,
nur noch Er,
der da war und immer schon war,

der Quellgrund des A,
der vom ewigen Werden kündet,

dass da ein Anfang gewesen sei,
nicht hörbar noch sichtbar,

doch Öffnung
dem Weg aus dem Nichts
und jenseits des Nichts,

bis zur Ankunft im Innen
und Möglichkeit der Geburt,

die einen Namen
uns Menschen erforderlich macht.

geweiht – werde der Name dein

Aus werdendem Leben
erwache ein strahlendes Licht
und mit ihm sein Name
in jedem von uns.

Wir setzen ein Zeichen
und geben ihm Dauer,
ein Ruf kehrt zurück
an den Ort seines Ursprungs.

es – komme das Reich dein

Und während wir wähnen
das Ziel in der Ferne,
erleben wir Umkehr des Wegs,
er führt auf uns zu,
herein in die Zeit,
und nimmt uns hinein
in ein Land,
das zusehends sich wandelt,
bis wir es am Ende
als Seines erkennen.

es–· werde der Wille dein

Ich will, du willst.....
wo wollen wir hin?

Und während wir wollen,
entgeht uns ein anderes Wollen.

Wir werden gewahr,
gleich strömender Flut,
eine Kraft, die uns aufnimmt
und unsere Bewegung
in Richtung auf eigenes Ziel.

So werden wir eins mit Ihm,
ein Weg ist erkennbar,
der Anfang und Ende verbindet,
indem er die Zeit überwindet.

wie in Himmel auch auf Erde

Weit sind die Räume,
unendlich und groß,
die sich auftun
dem Blick in die Ferne.

Doch punktförmig
inmitten des Umraums
erlebt sich die Kleinheit
als Teil einer Vielfalt
in steter Bewegung,

sich wandelnd und wachsend,
dass Erde werde zum Himmel
mit durchlässigen Grenzen.

Das Brot unser
das Alltägliche
gib uns heute

Wie sollen wir's nennen,
was durch uns hindurchgeht,
das Leben erhält
in fortlaufendem Wandel?

Wir sprechen und denken
und ahnen den Ursprung,
doch in uns,
da wirkt eine Kraft,
die sich mitteilt,
und ohne ihr Zutun
vermögern wir nichts:

alltäglich in allen
als Grundlage des Geistes,
die immer schon war
und dauert,
indem sie das Heute
in vielfacher Weise verwandelt
dem morgigen Tag übergibt.

und vergib uns die Schuld unser

Die Taten, die uns bedrücken,
geschehen entgegen dem Willen,
der uns beseelt.
Wo sollen wir hin mit ihnen,
da sie wuchern und wachsen,
beharrliches, zwanghaftes Geleit ?

Wie könnte da Ausgleich sein
ohne das Wort,
das Du gegeben hast
zu Beginn unseres Wegs ?

So nimm denn die Last hinweg
und lass uns
von Neuem empfangen
die Botschaft, die Du verheißen
damals dem Volke,
als es die Wüste durchzog.

wie auch wir vergaben
den Schuldigern unser

Es werde ein Ausgleich geschaffen,
indem ich Ihm annähernd gleiche
und sein lasse,
was Andere an mir getan.

Es bleibe die Hoffnung,
dass ich's vermöge,
ein Baustein im Plan seines Werks,
das weit
in kommende Zeiten reicht;

nach einem Tal unendlicher Leiden
wir den Bruder als solchen erkennen
und er unseren Weg
als den seinen erlebt.

und nicht hineinbringe uns in Versuchung

Und wenn wir es nicht vermögen,
wozu wir im Ansatz berufen,
wenn Täuschung und irres Geleit
uns entfernen vom Wege,
den Du zu Anfang gezeigt,
das Dunkel uns aufnimmt,
die Spuren verwischt,
die Drangsal bedrückender Enge

den Atem des Lebens
und jegliche Hoffnung
uns raubt,
dann bitten wir Dich
um ein Zeichen,

schick‘ Du doch den Hiob als Boten,
als glaubhaften Zeugen
und Schicksalsgefährten,
so kehren wir heim aus der Fremde,
indem uns Dein Ruf erreicht.

aber errette uns von dem Bösen

Die Rückkehr der Hoffnung
sei flutende Welle,
begrabe, was böse und zwanghaft
als finstere Macht sich gebärdet,
und mache uns allen
den Weg frei,
das Ziel zu erreichen,
wo Anfang und Ende sich finden
und unsere Bestimmung erfüllt ist.

Autorenspiegel

Wolfgang Rinn wurde 1936 in Tübingen geboren und war viele Jahre als Sonderpädagoge in der Behindertenarbeit tätig.
Er lebt heute in Reutlingen.

Die ersten dichterischen Versuche reichen in das Jahr 1992 zurück. Unter dem Titel "An der Schwelle des Übergangs" veröffentlichte er 1998 seinen ersten Gedichtband. In der Zeit danach erschienen verschiedene Gedichte in Anthologien und Tageszeitungen.
Immer wieder beschäftigte den Autor das Thema "Tod und Sterben" mit den damit verbundenen Grenzerfahrungen. Die Ergebnisse liegen nun in diesem Gedichtband unter dem Titel "Ich trete still heraus aus diesem Kreise" vor.

Inhaltsverzeichnis